Gedanken
fänger

Bibliografische Information der Deutschen
Nationalbibliothek: Die Deutsche Nationalbibliothek
verzeichnet diese Publikation in der Deutschen
Nationalbibliografie; detaillierte bibliografische Daten
sind im Internet über dnb.dnb.de abrufbar.

Herstellung und Verlag:
BoD – Books on Demand, Norderstedt

ISBN: 9783755742364

Solange es bleibt

In staubiger Ordnung
verblassen die
farbigen Blumen
auf meiner
Tapete.
Ich wandle
im Raum
und ruhe mich aus,
lese ein wenig,
schmecke
vergangene Drinks,
kann nicht
loslassen,
nicht gehen.
Wie gerne würd ich
dich wiedersehen!

…wie eine Marionette

Mitunter habe ich
sie gesehen.
Zwei Holzleisten
zusammengesteckt
wie ein Kreuz
und an jedem Ende
ein seidener Faden
gespannt.
Wenn man es nach rechts
gedreht hat,
habe ich den linken Arm
gehoben.
Nach links, hob ich
den rechten.
Ich habe versucht
die Fäden zu lösen
und mich dabei
in ihnen verstrickt.
Du hast sie
für mich zerschnitten.
Endlich kann ich mich
frei bewegen
und bin dir immer
nah

Schwereleicht

Auf deinen Schultern
lag die Last
der Steine,
die du mit dir nahmst
ein Leben lang.
Einige von ihnen
schwer und kühl
andere
leicht und warm.
Mit lautem Getöse
fallen sie ab
und lassen dich
heben,
flügelleicht schweben
die Täler hinab.
Und überall dort,
wo ich morgen bin,
bist auch du,
ein zarter
Schmetterling

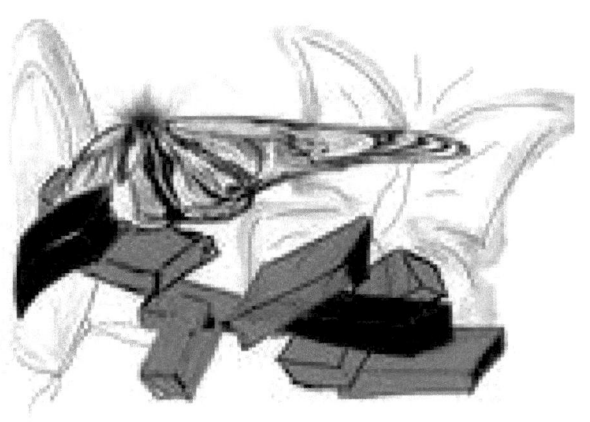

produktiv

Seidenes Haar
verdeckt meine Augen
vielleicht verschwindet
dahinter eine Träne
in einsamen Zeiten
in denen uns
Grenzen gesetzt
Aber die Kunst
öffnet alle Tore
und auch eine Träne
wird kreativ

Noch nicht fertig

Wenn ich…
würdest du
mir glauben?

Und wenn du…
kann ich
dir vertrauen?

Oder…
dürfen wir
uns getraut?

Neue Zeit

Nun sitze ich
auf meiner Matratze
in den vier Wänden
die weiter sind.
Weiter als das
zu eng geworden
Haus mit dem
großen Garten
im spießigen Dorf
unweit der Stadt.
Ich bin frei
und glaube fest daran,
mich irgendwo
zu finden
in der Einsamkeit
meiner ausgefüllten
Tage

Quilt

Deck dich zu
mit den Stoffen
meiner Erinnerungen.
Deck dich zu
mit den Stoffen
meiner Erlebnisse.
Deck dich zu
mit den Stoffen
meiner Verwundbarkeit.
Deck dich zu
mit den Stoffen
meiner Heiterkeit
Deck dich zu
mit den Stoffen
meiner Lebendigkeit
Deck dich zu
mit MIR

Von Dinslaken nach Halle

Wie viele Gedanken,
wie viele Worte und Sätze
füllen unausgesprochen
die Sitzplätze in
unseren Zügen?
Niemand möchte
sie auffangen und wissen.
Sie bleiben in
Fahrt.

Von Halle nach Dinslaken

In derselben Stille,
die selbst mit den
Fahrgeräuschen des
Gleisbettes still bleibt,
fliegen die Gedanken
aller Reisenden
durch die Waggons.
Eine Fahrt
von Karlsruhe
nach Bergen
müsste einen
Roman ergeben.
Steig in einen Zug
und hör zu,
was er dir zu
erzählen hat.

DU

Warte nicht darauf,
dass dir jemand
sagt, wie wertvoll
du bist.
Warte nicht darauf,
dass die ganze
Welt dich sieht
Du bist hier
Du bist du
Du bist einzig
Schau dir zu!

Heimat

Immer habe ich
gedacht
meine Heimat
ist dort, wo ich
geboren bin.
Dann glaubte ich
meine Heimat
ist dort, wo ich
aufwuchs.
Ganz sicher war ich
meine Heimat
ist dort, wo ich
erwachsen wurde.
Inzwischen weiß ich
meine Heimat
ist dort, wo ich bin,
meine Heimat
bin ich.

Glückskuchen

Ein zwei Eier
oder nur
das Gelbe
300 Zucker
oder nur
die Hälfte
Butter Kekse
Mehl
und Quark
Sahne
Joghurt
was
du magst
Äpfel Beeren
oder
Brause
Himbeergeist
für eine
Pause
Umluft oder
Ober Unter
180
oder drunter
Ganz egal
wie du ihn
backst
eingebranntes

runterkratzt
Einmal
musst du ihn
versuchen
diesen einen
rührenden
Kuchen

Tanz

Da stehst du
lässig
an der Tür
zur großen Welt
und nickst mir zu.
Dabei ist Damenwahl
und ich entscheide
mit wem ich tanze.

Ich seh deine Augen,
die mich begehren.
Ich hör deine Worte,
die mich besingen
Ich fühl deine Hände,
die mich verführen.
Ich spür deine Arme,
die mich tragen.
Dabei ist Damenwahl
und ich entscheide,
mit dir zu tanzen.

Diesen Tanz
Elegant
Kraftvoll
Leidenschaftlich
Schnell
Ängstlich

Sanftmütig
Fallend
Frei
Anmutig
Aufbrausend
Schwebend
Laut
Mit jedem Schritt
unendlich vertraut

Diesen Tanz
tanz' ich mit dir
mein Leben lang!

Besonders

Nicht irre,
sondern Wahnsinn
Nicht weit,
sondern grenzenlos
Nicht schön,
sondern wundervoll
Nicht prickelnd,
sondern explosiv
Nicht vertraulich,
sondern seelenverwandt
Nicht nah,
sondern eins
in all den Jahren.
Warum hast du das
in nur einer Minute
mit dem Kuss,
den nicht ich bekam,
zerstört?

frei

Du hast uns getrennt.
Du hast mich
mit meiner Liebe
zu Dir
in einem Raum stehen gelassen,
der uns gehörte.
Ich atme ihn ein
allein und befreit,
weil ich weiß,
worauf ich alles verzichtet habe.
Ich weite mich aus
in mir und meinem Leben
welch Ironie
DU hast es mir
wiedergegeben

Sanduhr
Im Fluss der Zeit
bin ich gefangen!
Sitze im Trichter
der laufenden Uhr.
Herab
rieselt auf mich
meine Haut,
die erste Sand(min)ute
und streichelt mich
mit zarten Wunden
Dann dreht sie sich
und unten ist oben
und oben ist unten
Herab
rieselt von mir,
meiner Haut
die letzte Sand(min)ute.
Gefangen zähle ich
jedes Korn,
doch dann dreht sie sich
und beginnt von vorn.

Selbstschutz

Gerne würde ich dich beschützen!
Nicht vor den Menschen,
die dich verletzen.
Nicht vor den Freunden,
die dir keine Freunde sind.
Auch nicht vor der Welt,
mit all ihren Katastrophen,
nicht vor Gewalt und Krieg.
Ich möchte dich beschützen
vor dir selbst

So gesehen

Wenn ich dich
verpasse,
weil wir voneinander
nicht wissen,
dass wir uns gleichzeitig aufhalten
in ein und derselben Stadt,
dann ist das Schicksal!
Wenn ich dich
verpasse
obwohl du weißt,
dass ich hier bin;
und wieder fährst.
Dann ist das
Absicht!

Schon immer so

Eines Tages,
ohne es
zu ahnen,
ohne es
zu wissen,
ohne es
zu glauben,
ergibt sich
der Sinn
jeden Tages,
an dem
Du hier warst

Zweikampf

Deine Worte werden leise
Meine Wut ist viel zu laut
Meine Tränen, die ich weine
bleiben unsichtbar vertraut

Meine Worte werden leise
Deine Wut ist viel zu laut
Deine Tränen, die du weinst
bleiben sichtbar mir vertraut

Federschwer

Ich bin müde
geworden
vom langen
Schreiben
düsterer Worte
und habe
die Federn
zum Fliegen
benutzt.
Aber gelungen
ist nur ein
kleiner Schritt,
weil mein
Ballast keine
Flügel hat
und das Klirren
der Säge
von weitem
fast verstummt.

Hinter der Fassade

Wenn ich dich
anschaue mit
dem überspielten
Lächeln meiner
Traurigkeit
und dich überschäume
mit gestikulierender
Freude und Fröhlichkeit,
wenn ich glücklich
strahle hinter
der dunklen
Einsamkeit,
und DU weinst.
Dann weiß ich,
dass du mich
siehst!

Lebens?säulen

Im Irrgarten der Steine
verlaufe ich mich
und suche Schutz
im Spiegel der Säulen.
Weiß grau.
Grau schwarz,
ich finde mich nicht.

Narben bleiben
rote Streifen
monoton
im Bild der Verletzlichkeit
Sie erinnern
an dich und
ich finde mich nicht.

Was aber, wenn ich
vorsichtig kratze
von der Oberfläche
grauer Substanz
und den Mantel
von mir streife
find ich mich ganz?

Wellen

Wasserwellen
Biegewellen
Plasmawellen
Schwerewellen

Dauerwellen
Seismische Wellen
Kugelwellen
Mechanische Wellen

Elektromagnetische Wellen
Kapillarwellen
Druckwellen
Stehende Wellen

Es gibt sie alle
Aber sie sind nichts
gegen meine
treuen Hitzewellen

Nah

Wenn dir im Leben
ein Mensch
begegnet,
der dich
für den Moment
der Begegnung
so beeindruckt,
dass es
kein Wiedersehen
braucht,
um ihn
für immer
in deiner Erinnerung
zu behalten,
ist das der Mensch,
der DICH gesehen
hat!

Klebendig

Aus Tagebuch und Briefen
ist die Asche
meiner Vergangenheit
geworden
Der Wind hat
sie weggetragen
Die Erde hat
sie aufgenommen
Und egal welchen
Weg ich gehe
sie wird unter
meinen Schuhen
kleben bleiben

oder mir frech
ins Gesicht wehen.

Der Lauf der Dinge

Geboren
Gehalten, gefüttert, gewindelt
Aufgestanden, losgelaufen
Gelernt, gefallen, geweint
Aufgestanden, weggelaufen
Gewachsen, erwachsen, gestanden
gestolpert
Aufgestanden, mitgelaufen
Geliebt, geheiratet,
Geboren
Gehalten, gefüttert…
Aufgestanden
Gestorben

Warum?

Kann es nicht
begreifen
Kann es nicht
fassen
Kann es nicht
glauben
Kann es nicht
erklären
Kann es nicht

Auf den zweiten Blick

Du stehst hinter dir
Du bist du
Deine Mode
Dein Puder
Dein Make-up
Dein Lippenstift
überdecken nicht
die Hilflosigkeit,
mit der sich andere
schminken

Du stehst hinter dir
Du bist du
Sicher stark
Sensibel und schwach
Ehrlich und
nie überheblich
Du bist du
Verlässlich und da,
wenn man
Dich braucht

Du stehst hinter dir
Du bist du
Wie es selten
andere tun
Du bist fröhlich
und jung
Du bist herzlich
Du bist du
Und,
Du steckst uns an

Abschnitt

Es gibt sie im
Leben
die Dinge an denen
du Teil hast,
oder teilhaben musst.
Gezwungen,
neue Menschen
kennenzulernen,
für eine bestimmte Zeit.
Und wenn diese Zeit
abgelaufen ist
und du angefangen hast
diese Menschen
zu mögen,
gerätst du
in Vergessenheit

Nicht mehr so

Vergangenen Wege
die sich in der Gegenwart
verändert haben,
bleiben in der
Erinnerung dieselben.
Und wenn ich
erwachsen durch die
Straßen meiner
Kindheit laufe,
dann bin ich immer
das Kind

Unsere Zeit

Du weißt,
es ist Zeit
mich gehen zu lassen.
Ich weiß,
es ist Zeit
für mich, zu gehen.
Was für mich
eine Erleichterung
ist für dich
ein großer Schmerz.
Lass deine Trauer
um mich
in der Erinnerung
an uns
verschwinden.
Und lass uns beide
dankbar sein
für die Zeit,
die wir zusammen
hatten.

Mitgefühl

Deine Augen lächeln mich an
und verstecken den
traurigen Blick,
der seit Tagen
in ihnen wohnt.
Sie wollen ihn nicht
zeigen,
aus Angst
dass ich ihn
zu mir nehme
und behalte.
Lass ihn doch!
Denn was er hinterlässt,
ist keine Traurigkeit,
sondern ein zartes leises Mitgefühl.

Buckeln Kumpel

Zugegeben
dich zu spüren,
dich zu berühren,
in die Tiefen
deines Körpers
einzutauchen,
Küsse atemlos
zu tauschen,
lässt alle
Sinne sich
verlierend
überschaumen.

Wenn ich aber
bei dir liege
und;
dich haltend,
in den Schlaf
entfliege,
wenn deine
Haut mich
sanft berührt,
zwei Körper
eins sind
unverführt.
Dann fließt
in jede Ecke
Leben
tief
in Geborgenheit,
von uns,
gegeben.

Entscheidung

Deine Tränen
sollten Blumen
wachsen
Deine Trauer
sollte Lächeln
schenken
Deine Angst
sollte Stärke
leben
Deine Schuld
lass gehen
denn meine
Dankbarkeit
ist grenzenlos

Immer bei dir

Sei traurig, vermiß mich,
weine und klage
Sei fassungslos,
such mich
erstarre und frage
Leg dich hinein
in all dein Leid
weil niemand
zur Zeit
deine Wunden heilt

Wenn aber der Regen
dich berührt
die Sonne dich wärmt
der Wind dich verführt
Wenn Sterne dir leuchten
und Schneeflocken fallen
dann weißt du es
Ich bin es!
Bin es, in Allem!

Nicht mehr da

Ganz selbstverständlich
hast du Platz genommen
an diesem Tisch
auf diesem Stuhl
Hast nicht gefragt
ob dort schon
jemand anders sitzt

Ganz unverständlich
Bist du aufgestanden
von diesem Tisch
von diesem Stuhl
Hast nicht gesagt,
dass dort nun
jemand anders sitzt

Unsicherheit

In meiner Stille,
die keiner kennt,
wenn ich dich
fliehen sehe,
bin ich dennoch
da und
bemerke dich.
Ich schaue mich um
und schlürfe
unbekümmert
meinen Tee.
Genau wie du,
doch fast erscheint
es mir,
dass du,
nur weil ich anders bin,
mich mehr beachtest,
als ich dich.
Warum?
Grenzt dich meine
Behinderung
so ein?

Uniform

Keine Angst General
die Orden
auf den Schultern
waren
auch früher schon
die Knochen
der toten Soldaten
und Ihr seid
nur die Marionette
an deren Fäden
die Könige ziehen
Oder doch
Ihr selbst?

Nichts ohne dich

Ich kann ohne dich
nicht atmen!
Doch das kann ich,
weil ich atme

Ich kann ohne dich
nicht schlafen!
Doch das kann ich,
weil ich schlafe

Ich kann ohne dich
nicht essen!
Doch das kann ich,
weil ich esse

Ich kann ohne dich
nicht leben!
Doch das kann ich,
weil ich lebe

Ich kann ohne dich
alles
aber ich möchte
ohne dich
NICHTS.

Nabel der Welt

Den du suchst
mit jedem Tag mehr
an den vielen Orten,
zu denen du fliehst.
Mitunter glaubst du
ihn gefunden
zu haben.
Aber es ist nicht
der Mount Everest
den du bestiegen,
nicht
das große Meer
was du umsegelt,
nicht
der Strand
vor dem du geankert
und nicht
die Städte und Wälder,
die du erlaufen
hast.
Der Nabel der Welt
ist das Ende seiner
Schnur.

Ver(Losge)lassen

Du hälst dich fest
an Sehnen und Bändern.
Ich speie
du ziehst,
dich hinein
in meinen Schlund.
Der, der dich will
schwingt auf dem Haupt
die Peitsche,
breit grinsend
zieht er seinen Mund.
Lass mich los
und lass dich fallen
in seine
scharfen rauen
Krallen

Hinterhalt

Du machst aus Tränen
Seifenblasen
Du ziehst die Fäden
in der Not
und öffnest
ohne es zu wissen
die reine Weste
von Gevatter Tod

Neue Freunde?

Die aus Kindertagen
oder Jugendzeiten
eng entstanden,
tief vertrauten
und so ernstgemeinten
Freundes Fragen…
in der Antwort
über Jahre
fest geglaubt
sie treu zu haben,
gehen in der Weite
Stück für Stück verloren.

Noch weiß ich nicht
ob sich das Vertrauen
auch woanders findet?
Ob in herbstlich
fein gesponnenen Netzen
neue Worte sprechen,
die alte
Geschichte werden.
Aber wenn
ich euch ansehe,
möchte ich gern
daran glauben!

Virus

Ich bin kein
Lebewesen,
nur ein Partikel.
Ich schleuse mich ein
als kleines Vehikel,
ich lebe in dir
in deiner Zelle,
du bist mein Wirt
die Überlebensquelle.
Ich bin
grenzüberschreitend
und nah
mitunter tödlich
und unsichtbar.
Ich bin keine Absicht,
ich bin keine Macht.
Ich bin nur
auf mein
Überleben bedacht

Depression

So wie die Flut
langsam und
heimtückisch
den Strand umspült,
wie sie breite Sandbänke
allmählich verschlingt,
so schleichst
auch du dich
wieder und wieder
in meine Fröhlichkeit,
nimmst mir mein Lachen
und nistest dich ein
im leeren Raum
meiner Tränen.
Dann warte ich
geduldig auf
Ebbe!

Noch nicht

Die leise Melodie
schreit in
kraftvollen Zähnen
ein Lied der
Begnadigung
So gern
ließe ich das
Zerschmettern
meiner Ketten zu.
Doch immer noch
habe ich Angst,
dass die großen Federn
meiner Flügel brechen
und ich falle.

Popcorn

Manchmal
möchte ich sitzen,
neben mir Vorhänge
rot und schwer,
in weichen Kinosesseln
und über eine
Komödie lachen

Aber hier
nehme ich Platz
im Staub der Erinnerung
lautem Geschrei
mit tränengefüllten Augen
und sehe
meinen eigenen Film

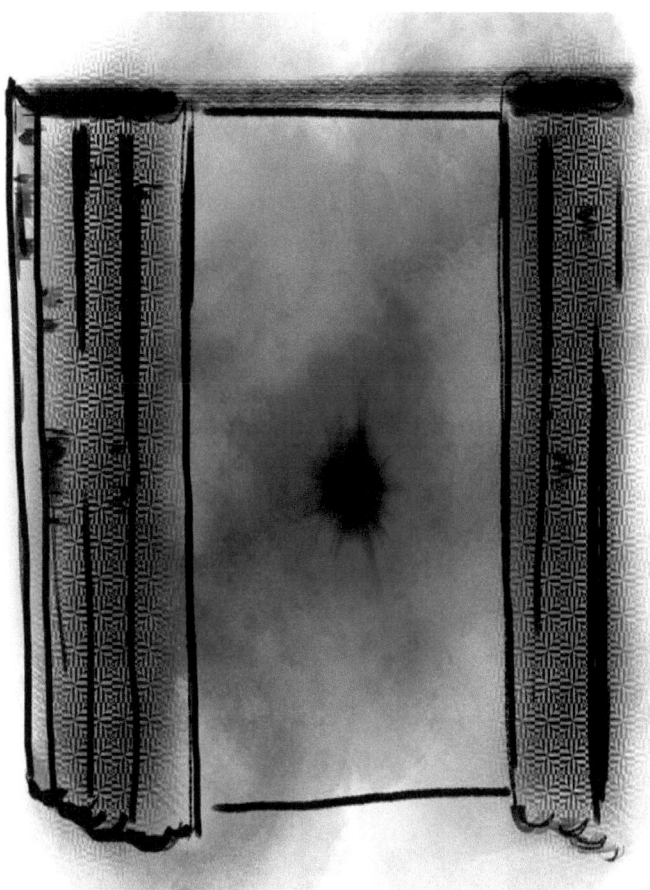

Stockender Verkehr

Zitternd holpere ich
im Geflecht
der Autobahnen
Stück für Stück
zwei Meter nach vorn.
Hier verliere ich
meine Freiheit!
Stattdessen hat die
Angst, die Chance
sich auszubreiten
in der Enge zwischen
den LKWs und Transportern.
Meine Beine
werden schwer.
Tränen der Panik
finden ihren Weg
bis in die Polster
meines Autositzes.
Am Ziel angekommen,
wird es noch dauern,
bis sich die Panik
legt und ich
durchatme kann.

Tief

Nach Wochen
und Monaten
sind die Tränen
nicht mehr
sichtbar,
doch sie laufen
unverändert
über meine Wangen.
Meine Trauer
ist stiller
und deutlicher
als je zuvor.
Kein Sommer
wird die eisige
Stille berühren
und das grausame
Schweigen
brechen.
Du fehlst
mit jedem
Wort.

Verirrt

Gierig schlucke ich
die Fetzen deiner
überlegenen Furcht
und schaue scheu
aus mir heraus
Süße Mienen verbergen
sich hinter
falschen Schlangen
und füllen mich aus

...alles was bleibt
sind kleine Augentropfen,
die in die Welt blicken
und Zehenspitzen,
die den Boden berühren
WOLLEN
Aber selbst das bleibt
nur Tau auf den
Wiesen der Einsamkeit

Versteckt

Breite Engelflügel
aus zarten dünnen
Hautfetzen
erdrücken meine
Lungen, die nach
Freiheit atmen wollen.
Ich kann sie nicht
nutzen, um zu fliegen,
weil sie angedockt
an tiefen
Betonpfählen ihre
Sicherheit glauben.
Noch bin ich
nicht in der Lage
den Beton zu sprengen,
aber ich weiß,
dass nur ich
meine Flügel
sichern kann,
um zu fliegen!

Wenn du
Ihn siehst,
verstehst du es!

„eins zwei drei vier
Eckstein…“
Im Dunkeln
werd ich
versteckt sein.
Vor seiner
gelogenen Endlichkeit,
verlockender Sehnsucht
nach
Glück(s)Seligkeit

Meine Zeit

Ich habe dich losgelassen,
weil ich mich brauche,
um bei dir zu sein.
In meiner Liebe zu dir
und meiner Liebe zu mir.
Noch weiß ich nicht,
wohin es mich bringt.
Aber ich laufe
Schritt für Schritt
mit der Vergangenheit
spannender Gegenwart
meiner Zukunft entgegen.

Mein Abschied

Nicht mehr erreichbar
Nicht mehr da
Und die Nabelschnur
die ihr meintet
schon bei der
Geburt getrennt
zu haben,
ist seit heute
unwiderruflich
entzwei.
Und nicht das
Gefühl
Ihr wäret immer
bei mir
Nein!
Ich bin bei euch

Was bleibt

sind deine Geschichten,
die du gelebt hast.
Deine Erfahrung,
die du gemacht hast.
Deine Weisheit,
die du erlangt hast.
Was bleibt
bist du!
Du in mir
und all den
Kindern, die
durch dich
geboren sind und
geboren werden.
Was bleibt
bist DU
in ihren Geschichten
ihrer Erfahrung
ihrer Weisheit

Weit

So weit,
wie meine Füße mich tragen
durch einsame Antwort
auf all meine Fragen
durch hörbare Stille
durch kaltes Umarmen
durch lachende Angst
in unendlichen Tagen
So weit
wie meine Füße mich tragen
werde ich gehen
um meine Seele
zu sehen

WIR

Jetzt bist du eingeschlafen.
Nicht für diese Nacht
und nicht für
einen Mittagsschlaf.
Erleichtert hast du
dich davon geschlafen,
bis du
in der Erinnerung erwachst.
Es wird Geschichten
von dir geben,
die wir einander laut
erzählen.
WIR werden weinen,
werden lachen.
WIR werden dich
lebendig machen.